AF233113

L'ART DENTAIRE

EN ITALIE

NOS PREMIÈRES VACANCES

SOUVENIRS DE VOYAGE

PAR

A. PRÉTERRE

CHIRURGIEN-DENTISTE AMÉRICAIN, LAURÉAT DE LA FACULTÉ DE MÉDECINE DE PARIS
MÉDAILLES D'OR AUX PRINCIPALES EXPOSITIONS,
FOURNISSEUR DES HÔPITAUX CIVILS ET MILITAIRES
MEMBRE DE PLUSIEURS SOCIÉTÉS SAVANTES
RÉDACTEUR EN CHEF DE L'ART DENTAIRE, ETC.

Extrait du Journal l'Art Dentaire

PARIS

AUX BUREAUX DE L'ART DENTAIRE

29, BOULEVARD DES ITALIENS, 29

1875

L'ART DENTAIRE

EN ITALIE

NOS PREMIÈRES VACANCES

SOUVENIRS DE VOYAGE

PAR

A. PRÉTERRE

CHIRURGIEN-DENTISTE AMÉRICAIN, LAURÉAT DE LA FACULTÉ DE MÉDECINE DE PARIS,
MÉDAILLES D'OR AUX PRINCIPALES EXPOSITIONS,
FOURNISSEUR DES HÔPITAUX CIVILS ET MILITAIRES
MEMBRE DE PLUSIEURS SOCIÉTÉS SAVANTES
RÉDACTEUR EN CHEF DE L'ART DENTAIRE, etc.

(Extrait du *Journal l'Art Dentaire*).

PARIS

AUX BUREAUX DE L'ART DENTAIRE
29, BOULEVARD DES ITALIENS, 29

—

1875

L'ART DENTAIRE EN ITALIE
SOUVENIRS DE VOYAGE

Nous avons déjà dit quelques mots aux lecteurs de notre
Journal, d'un voyage que nous venons de faire en Italie, et
nous leur avons promis quelques notes sur les sujets intéressants qui se sont présentés à notre observation. Sujets
intéressants de notre compétence, naturellement, car nous
ne saurions avoir la prétention de redire une fois encore ce
qui a été dit tant de fois déjà sur cette belle patrie des arts
et des littératures, mère antique des races et des civilisa-
tions latines.

Déjà, il y a 35 ans de cela, nous avions vu l'Italie et
formé le projet de revoir tant de merveilles trop rapidement entrevues : la Ville éternelle avec ses immortels
chefs-d'œuvre, Venise avec ses palais et ses lagunes, les
plages au ciel toujours bleu de l'Adriatique, et tous ces
admirables débris d'une civilisation qui a pu mourir, mais
dont d'immortels chefs-d'œuvre revêtent à nos yeux émer-
veillés la formidable puissance. Malheureusement, si l'homme
propose, la destinée dispose, et ce n'est qu'après 35 années,
— un bien lourd fardeau, — que les exigences d'une
clientèle toujours croissante nous ont permis de réaliser
le rêve de notre jeunesse.

*
* *

A l'époque de notre premier voyage, l'art dentaire n'exis-
tait guère en Italie. L'exercice de cette profession se bornait
à des extractions de dents et à quelques rares et grossiers
plombages faits par des bandagistes. Un grand changement
s'est opéré aujourd'hui, et l'Italie a compris que, comme
le dit notre devise, ne pas avancer c'était reculer. Elle a

donc avancé, et nous avons été heureux de constater que, comme en France, l'élément américain, représenté par des noms tels que les Burridge, les Parmly, etc., avait fait sentir sa vigoureuse impulsion.

Le 17 décembre nous quittions Paris, et le lendemain nous étions rendu à Turin, après avoir traversé le mont Cenis, ce résultat merveilleux de la mécanique moderne. Nous sentant fatigué, nous n'avons pu faire dans cette ville de visites confraternelles, et nous le regrettons d'autant plus que quatre confrères y représentent dignement notre profession; nous voulons parler de MM. Obiglio, Commasso, Garelli et Martini. Inutile de rappeler, car tous nos lecteurs le savent, que Turin est une ville charmante, où l'art italien commence déjà à montrer ses merveilles.

En quittant Turin, où nous ne fîmes du reste qu'un court séjour, nous nous sommes rendu à Milan, si célèbre par sa cathédrale, et en même temps l'une des villes les plus intellectuelles et les plus actives sans contredit de toute l'Italie. Nous eûmes le plaisir d'y serrer la main à de très-vieilles connaissances, notamment à M. le docteur Bauer, chirurgien-dentiste, qui nous était bien connu par d'excellents travaux de prothèse. Lors de la guerre d'Italie, nous eûmes occasion de voir plusieurs blessés, qu'il traita avec un grand succès, remplaçant à plusieurs de grandes portions de la mâchoire. Aujourd'hui, après de longues années, nous voyons encore ses appareils bien remplir les fonctions auxquelles ils sont destinés. Outre un grand talent en prothèse, le docteur Bauer est également habile opérateur, il nous a fait rencontrer avec des malades qu'il traitait avec succès de périostite. Il a même imaginé à ce sujet une opération sur laquelle nous reviendrons, et qui consiste à faire en quelque sorte la saignée de la pulpe dentaire avant l'aurification, une sorte de trépanation *à priori*. Ce praticien nous a dit éviter par ce moyen la possibilité d'une extravasation de sang dans l'aurification des dents très-gâtées, mais cette opération n'est praticable que pour les six dents de devant ; cette saignée ou trépanation s'exécute uniquement sur la partie antérieure de la dent, au point où commence le cément. Le docteur Bauer aurait voulu nous retenir plus longtemps, et nous y aurions certainement trouvé profit, mais notre visite coïncidant avec le mariage de sa charmante fille, nous n'avons pas voulu prolonger notre visite. Nous reviendrons du reste sur ses procédés.

Notre deuxième visite confraternelle à Milan fut pour M. Winderling père, très-vieille connaissance, qui autrefois, à Metz, occupait une très-honorable position. Peu de personnes, nous en sommes sûr, savent que c'est à ce praticien que revient l'honneur de l'application du caoutchouc aux dentiers. M. Winderling père, qui fut toujours un chercheur infatigable, dirigeait, il y a quelque 22 ou 23 ans, aux environs de Metz, une usine à caoutchouc où l'on travaillait cette substance pour une foule d'usage, ressorts de wagons, tampons, chaussures, feuilles remplaçant l'ébène, etc., etc. M. Winderling avait alors un parent exerçant la profession de dentiste à Nancy : il entretint celui-ci de l'avenir qu'il entrevoyait dans l'application du caoutchouc durci à la fabrication des dentiers. Tous deux se mirent à l'œuvre, et réussirent à faire des pièces qui eurent un certain succès. Vers cette époque, M. Winderling fut mis en rapport avec M. Putnam, dentiste habile, mais encore plus habile négociant. Ce dernier répandit aux États-Unis les idées de M. Winderling, revint bientôt avec du caoutchouc et des procédés qu'il appela les siens, et les vendit accompagnés d'une machine à vulcaniser d'une complication absurde. La machine eut le sort qu'elle méritait, elle tomba vite dans l'oubli, et l'on en revint à la simple marmite de Papin qui constitue le meilleur et le plus simple des appareils, tel du reste que nous le fit voir autrefois M. Winderling dans les deux visites que nous lui fîmes à Metz. Mais beaucoup de personnes croient encore que c'est à M. Putnam que revient l'application du caoutchouc aux dentiers.

L'histoire de l'application du caoutchouc aux dentiers est, comme on le voit, celle de toutes les inventions et celle que le poëte d'Auguste avait chantée il y a bien longtemps déjà, dans des vers immortels :

Sic vos non vobis mellificatis apes.

Un mot encore sur le caoutchouc. A peu près à la même époque où M. Putnam s'emparait de l'invention de M. Winderling, un dentiste de Paris, aussi connu par ses nombreuses décorations étrangères que par l'absence de travaux scientifiques ou professionnels, trouva ingénieux de s'attribuer le mérite de la découverte de l'application du caoutchouc aux dentiers. Ce dentiste se fit fabriquer un mémoire accompagné de certificats analogues à ceux qui se lisent dans les prospectus de la douce farine du Barry; le tout constituait un factum d'autant plus ridicule que le pseudo-inventeur arrivait 5 ans après M. Winderling, mais ce hardi confrère sait que le vulgaire aime à être trompé, *vulgus decipi vult.* Il connaît aussi l'adage latin *audaces fortuna juvat,* aussi ne devons-nous pas nous étonner de le retrouver quelques années plus tard, s'annonçant comme l'introducteur du protoxyde d'azote en Europe. Le prétendu introducteur n'avait guère introduit sur le continent qu'un préparateur qu'il avait fait venir à grand frais des États-Unis pour exécuter les manipulations décrites par nous depuis deux ans déjà dans notre brochure sur la préparation du protoxyde d'azote et sur les expériences que nous avions faites avec cet anesthésique dans les hôpitaux de Paris. Si notre confrère nous avait prié de lui expliquer les manipulations qu'il ne pouvait comprendre, nous nous serions fait un véritable plaisir d'essayer de les mettre à sa portée ; mais nous lui aurions en même temps donné le conseil de ne pas chercher à s'attribuer des procédés qu'il n'arrivait même pas à comprendre. Sans doute, en mentant toujours, il en reste quelque chose, mais ce quelque chose n'est le plus souvent qu'une couche épaisse de ridicule pour ceux qui falsifient trop outrageusement la vérité. C'est l'unique bénéfice que notre trop entreprenant confrère a jusqu'ici retiré de ses prétendues inventions.

Pour en revenir à M. Winderling et en finir avec l'histoire du caoutchouc, disons que ce dernier quitta Metz il y a une dizaine d'années, se fixa à Milan, où, plus heureux que la plupart des inventeurs, il acquit fortune et renommée. Se contentant d'une aisance raisonnable, il se retira des affaires et céda son cabinet à ses deux fils (1), charmants jeunes gens qui, au courant de tous les progrès accomplis, se feront, assurément, une réputation méritée.

La pharmacie est très-bien représentée à Milan ; nous citerons parmi les meilleures officines la Farmacia stagnoli di Guiseppe Talini.

Disons, en terminant, que nous envions le sort des confrères qui exercent dans cette admirable ville de Milan, si célèbre par sa merveilleuse cathédrale, son théâtre de la Scala, un des plus vastes du monde, ses promenades, et les lacs qui l'entourent.

---

(1) MM. Winderling fils ont publié une excellente brochure : *I Denti, Trattato prattico* del Dottor G. N. Winderling figlio.

*
* *

De Milan nous avons été à Venise, mais nous ne dirons rien de notre profession dans cette ville. Le mauvais temps nous empêcha de faire des visites dans cette cité étrange où l'on ne saurait faire deux cents pas sans recourir à une gondole ; cependant, nous allâmes visiter le grand hôpital, fort bien tenu, du reste, et où se font, par les mains habiles du chirurgien en chef Minich, toutes les opérations qui se pratiquent dans les hôpitaux de Paris. Disons, en passant, que Venise est bien une des plus étranges villes du monde, une de celles qui impressionnent le plus l'étranger ; bâtie sur des îles reliées entre elles par quelques centaines de petits ponts, chaque maison a une de ses façades sur une rue d'eau et l'autre façade sur une rue de terre. Les voitures, comme les chevaux, y sont inconnus ou au moins aussi rares que les éléphants à Paris. Les trois seuls chevaux que nous y ayons vus se trouvent dans une des îles, où ils peuvent être montés sur une petite promenade. Les seuls véhicules roulants que nous ayons aperçus se sont montrés sous forme de brouettes. L'eau douce est presque aussi rare à Venise que les pachydermes du genre *equus*, et on en est réduit à celle que fournissent parcimonieusement les puits.

Tout le monde sait, surtout depuis les discussions qui ont eu lieu à propos des mosaïques du nouvel Opéra de Paris, que Venise est célèbre aussi par ses magnifiques mosaïques de verre, dont tout Saint-Marc est orné. Depuis le sol jusqu'aux voûtes, tout n'y est que mosaïque. On doit à un très-habile artiste, M. le Dr Salviati de Venise, une partie de l'ornementation de l'Opéra et une restauration de Saint-Marc. M. le Dr Salviati, qui dirige la plus importante fabrique de mosaïques de Venise, n'était point un étranger pour nous. Nous avions pu admirer ses produits à l'exposition de 1867, où il fut dignement récompensé. M. le Dr Salviati a bien voulu nous faire voir et visiter son imposante usine et nous expliquer les procédés de cette industrie.

*
* *

Nous disons adieu, non sans regrets, à Venise, et nous nous dirigeons sur Florence, l'ex-capitale de l'Italie, qui est, en même temps, un des plus riches et des plus agréables séjours de ce beau royaume. Beaucoup de familles étrangères s'y fixent pour faire apprendre l'italien à leurs enfants. La société y est très-aristocratique. Les musées y abondent en peintures et sculptures. C'est, plus que Venise encore, la ville des mosaïques : une école spéciale y est entretenue aux frais de la nation.

La mosaïque de Florence diffère de celle de Venise ; à Venise elle se compose de petits cubes en verre, tandis qu'à Florence les fragments sont formés de pierres dures, découpées et ajustées, travail d'une grande lenteur et d'une extrême difficulté d'exécution. Il faut un temps fort long pour trouver telle ou telle nuance de pierre pour composer ou finir un dessin. Dans la mosaïque de Venise ou de Rome, on compose à sa guise les différents tons, tandis qu'à Florence il faut trouver toutes ces nuances et tous ces tons dans la nature même des diverses pierres. Florence est aussi très-renommée pour ses sculptures et dorures, qui sont d'un grand effet ; les églises y sont d'une grande richesse, et la cathédrale a une tour entièrement formée de mosaïques de marbres, depuis sa base jusqu'à son sommet.

Les hôpitaux de Florence sont fort bien tenus et possèdent beaucoup d'élèves. A l'hôpital Santa-Maria, nous avons rencontré les professeurs Paoli et Pietro Pellizzari, dont les opérations ont un grand retentissement dans la contrée. Nous devons une mention toute spéciale au magnifique musée d'anatomie, composé de pièces en cire qui sont de véritables chefs-d'œuvre.

Notre profession est dignement représentée à Florence; quatre dentistes y occupent une position fort honorable: ce sont MM. les Dʳˢ Slayton, Dunn, Van Marter et Campani. Nous dirons quelques mots de chacun d'eux.

M. le Dʳ Slayton, dentiste américain, est un praticien éminemment capable sous les deux points de vue de la prothèse et des opérations. C'est un véritable puits de procédés, tant pour la conservation des dents que pour leur remplacement: il est l'auteur d'une foule d'instruments aussi ingénieux les uns que les autres, et nous a assuré posséder le moyen d'empêcher les dents de se gâter ou d'en retarder considérablement la chute. Nous reviendrons, dans un article spécial, sur sa méthode, qui nous a paru fort rationnelle.

Le Dʳ Dunn, dentiste anglais, fixé à Florence depuis une quinzaine d'années, est un praticien fort habile, se tenant au courant des plus récents progrès; nous avons vu chez lui la machine Morrisson et les instruments les plus nouveaux. Il est très-estimé de sa clientèle. Le Dʳ Dunn nous a remis un article sur deux procédés, à lui, que nous publierons dans un prochain numéro.

Le Dʳ Van Marter, dentiste américain, est un bon opérateur qui spécialise, en quelque sorte, certaines branches de la profession, telles que l'aurification, afin de leur donner toute la perfection dont elles sont susceptibles. Nous l'avons trouvé, cependant, un peu trop exclusif. Il ne croit que dans les aurifications faites au marteau et a aussi, croyons-nous, une grande préférence pour l'or adhésif. Quant à nous, qui avons essayé un peu de tous les procédés, nous croyons qu'il faut être éclectique. Tous les nerfs ne peuvent supporter les coups de marteau, toute les dents ne doivent pas recevoir l'or adhésif; nous croyons que quand le Dr Van Marter aura blanchi dans la profession, il admettra la justesse de nos remarques, qui, disons-le bien vite, ne lui ôtent rien de son talent.

M. Campani, italien, est un praticien très-occupé; il s'adresse spécialement à la clientèle du pays. Sa grande spécialité nous a paru les extractions et les pièces artificielles. C'est un homme qui eu le rare mérite de se faire seul et d'acquérir une fort belle et honorable position. Il a des fils et des neveux qui le secondent très-utilement et qu'il se propose d'envoyer en Angleterre et en Amérique. Il a compris qu'il n'y avait que là où, réellement, on peut devenir dentiste instruit. Notre confrère nous a remis un petit travail que nous publierons prochainement.

Nous ne quitterons pas cette belle ville de Florence sans adresser un mot de chaleureux remercîments à M. le professeur Berti, bibliothécaire de l'Académie des Beaux-Arts et administrateur des hôpitaux ; grâce à son exquise courtoisie, à son obligeance sans bornes, nous avons pu économiser beaucoup de temps et trouver des facilités de toutes sortes qui nous ont rendu notre séjour à Florence des plus agréables. Aussi, n'avons-nous pu, nous trouvant, au retour de Naples, à deux heures de Florence, résister au désir d'aller remercier encore notre digne professeur de toutes ses attentions.

Florence a de nombreuses et de bonnes pharmacies, mais la plus renommée est celle de Robert et comp., admirablement organisée. Le dentiste y trouve tous les médicaments à son usage.

*
* *

Notre première étape, en quittant Florence, a été Bologne. Les arcades qui bordent les côtés des rues de cette ville lui donnent un cachet exceptionnel. Elle possède deux très-hautes tours carrées et penchées analogues à la fameuse tour de Pise. On pourrait croire que l'Italie a la spécialité des tours plantées de travers. Sans doute on ne doit voir, dans ces anomalies, qu'une preuve du mouvement du sol; car il est bien difficile de supposer que dans un pays où les artistes sont si amoureux de la forme, il s'en soit trouvé qui aient eu un plaisir à méconnaître aussi profondément les lois les plus élémentaires de l'esthétique.

L'énorme quantité de neige qui, pendant notre court séjour de 36 heures, ne cessa de tomber, empêcha nos excursions, et nous dûmes nous contenter de la visite de quelques églises et du Campo Santo, cimetière à couvert, un des plus beaux de toute l'Italie.

En Italie, en général, on met fort peu les morts en terre, les campi santi sont habituellement leur dernière demeure. Ce sont de vastes galeries couvertes où pénètrent l'air et le soleil. Sur chaque côté de leurs murailles sont ménagés des espaces où les cercueils sont introduits et recouverts ensuite d'une inscription de marbre. Généralement ces monuments sont uniformes, mais il se trouve souvent parmi eux de magnifiques sarcophages et des statues d'un grand art. Moyennant une somme peu élevée, on peut se faire très-noblement enterrer, ou, pour mieux dire, *monumenter* en Italie. L'entretien des monuments se fait par les soins de l'administration, qui remplit très-soigneusement cette mission.

Nous cherchâmes à nous consoler de n'avoir pu voir aucun

confrère ni aucun médecin à Bologne en terminant nos visites par le Musée de l'Académie de médecine. Ce Musée renferme, comme celui de Florence, une des plus belles collections de cas pathologiques qui soient au monde. Le Musée d'anatomie normale est également fort remarquable; nous pouvons dire, sans crainte d'être démenti, que la France ne possède rien de pareil. Le préparateur du Musée est un homme fort actif, fort instruit, pour qui du reste sa collection est une idole.

La Bibliothèque et l'École de droit renferment des manuscrits et des livres de la plus haute antiquité; tout y est tenu avec un ordre et un soin parfaits.

Les études de droit et de médecine que l'on fait à Bologne sont excellentes.

Bologne était notre dernière étape avant d'arriver dans la grande ville qui se qualifie de ville éternelle, Rome, l'antique capitale du monde latin, l'ex-reine du monde.

L'impression que l'on ressent, en pénétrant dans la nouvelle capitale de l'Italie, ne correspond pas à l'image qu'on peut se faire de la majestueuse cité d'après les souvenirs classiques.

De très-hautes maisons d'un aspect sévère, de grands et sombres palais, tout cela dans des rues étroites et montueuses, donnent au premier abord un aspect désagréable à la grande ville. Le *Corso*, boulevard des Italiens de Rome, n'a pas plus de 13 à 15 mètres de largeur. C'est cependant là qu'avaient lieu des courses de chevaux célèbres; comme chaque année elles étaient la cause de nombreux accidents, elles ont été supprimées depuis l'entrée du roi Victor-Emmanuel. Mais les fantaisies du carnaval continuent à y faire le bonheur

des Romains et même des étrangers, qui se délectent à l'idée
de se faire blanchir par les *confetti* (dragées de plâtre) dont
on vous inonde des balcons. Les voitures, les chevaux, les
habitants, tout le monde prend alors un aspect de meunier.
Il nous a paru pourtant médiocrement agréable de recevoir
en pleine figure ces projectiles moins inoffensifs qu'ils ne
paraissent, quand ils atteignent les yeux, et l'on nous a
assuré que dans les semaines qui suivent le carnaval, les
oculistes voient croître considérablement leur clientèle.

Nous nous abstiendrons de parler des innombrables richesses artistiques de Rome, richesses décrites tant de fois
et dont aucune description ne saurait du reste donner
une idée. Les villas de la campagne romaine sont des
Versailles en miniature, riches en bosquets et en jets
d'eau qui parfument et rafraîchissent l'atmosphère. L'eau
n'y manque guère, car l'on sait qu'il y a plus de 1800 ans,
à l'époque des empereurs, Rome était déjà mieux appro-
visionnée de ce liquide que ne le sont les capitales les plus
favorisées sous ce rapport aujourd'hui. Pour une somme
très-minime on peut presque faire venir chez soi une petite
rivière.

Il est à regretter que la campagne qui environne Rome
soit si malsaine. La fièvre appelée la *malaria* y est endémi-
que, aussi est-elle presque inhabitable les trois quarts de
l'année.

Rome a des hôpitaux et des cliniques très-suivis. Nous
avons vu, dans le service du professeur Mazzoni, deux cas
de fausses articulations de la mâchoire faites à la suite d'an-
kyloses des maxillaires, opérées avec un plein succès. On sait
que jusqu'à présent cette opération a bien rarement réussi.
Nous l'avons vue, nous-même, le plus souvent échouer.
Le professeur a employé un moyen que nous trouvons très-

ingénieux ; après avoir enlevé un petit fragment de la base de l'os au niveau de l'angle de la mâchoire, il a introduit pendant quelque temps, dans la solution de continuité, une petite lamelle de liége empêchant ainsi la soudure des deux fragments de l'os. Ce moyen a parfaitement réussi.

Les heures limitées dont nous disposions ne nous ont pas permis de pousser plus loin nos observations médicales, voulant nous réserver un peu pour notre profession. Disons cependant, en passant, que la pharmacie est admirablement représentée à Rome. Parmi les meilleures officines, nous citerons celle du professeur Sinimberghi, le Mialhe de Rome. Elle est d'une grande ressource pour l'étranger arrivant à Rome, car non-seulement il y trouve toutes les principales spécialités du monde entier, mais encore peut faire exécuter toutes les prescriptions écrites dans les principales langues. Ajoutons à cela que la pharmacie du professeur Sinimberghi est située *via Condotti*, c'est-à-dire au centre de la ville.

Notre professsion est principalement représentée, à Rome, par MM. les docteurs Curtis et Wasson. M. Curtis succède à deux excellents dentistes, les Drs Burridge et Parmly, qui, les premiers, introduisirent les méthodes américaines en Italie. Ils ont laissé dans ce pays de profonds souvenirs, et leur clientèle les a vus s'éloigner avec regret. Leur successeur est un homme fort capable, qui saura, nous n'en doutons pas, obtenir les mêmes marques de sympathie. Pendant notre séjour, le Pape le fit appeler et le nomma son dentiste.

Le Dr Wasson, récemment arrivé, nous était très-connu, car il avait opéré chez nous pendant toute une saison ; nous avions donc pu apprécier pleinement son talent. Il possède à un très-haut degré la rapidité dans les opérations et les aurifications, et est très-amateur de la conservation des plus mauvaises dents. Il faut qu'entre ses mains un chicot soit en bien mauvais état pour qu'il ne tente pas sa conservation et n'essaie pas de lui refaire une couronne. Le plus souvent, du reste, ces essais sont couronnés de succès. Nous ne doutons pas qu'en un temps très-court le Dr Wasson ne se fasse une très-bonne clientèle : il commence déjà à être très-apprécié de nos nationaux.

Plus on reste à Rome, plus on voudrait y rester, mais le temps nous est mesuré, et nous sommes obligé de quitter la ville aux grands souvenirs pour nous diriger vers Naples, notre nouvelle étape.

*
* *

Il n'est personne qui n'ait vu des dessins ou photographies du panorama de Naples, assurément l'un des plus beaux du monde. Chacun sait que cette grande ville est resserrée entre des montagnes et offre à l'œil un des plus ravissants spectacles qu'on puisse contempler.

Naples est au point de vue de la population une des plus grandes villes de l'Europe. L'animation de certains quartiers, tels que la rue de Tolède, n'est comparable qu'à celle des grands boulevards de Paris moins la largeur.

Les maisons de Naples laissent fort à désirer comme confortable. Il n'y a guère que les toutes nouvelles habitations de la *via della Pace* et les hôtels modernes faisant face à la promenade, où l'on trouve le bien-être des autres villes d'Europe ; celui où nous descendons, l'hôtel de Naples, en face la promenade, y est des plus heureusement situés. La propreté, chose pas trop commune à Naples, y est parfaite ; la table, toute à la française, et on y rencontre, outre les vins étrangers, les meilleurs crus du pays. Nous ne voudrions pas assurément faire une réclame à cet hôtel, mais simple-

ment donner une indication aux voyageurs exposés à se
trouver fort mal en fait d'hôtel à Naples.

La nonchalance des Napolitains est justement proverbiale.
Le Napolitain passe dans les rues la plus grande partie de son
existence. Dans ce pays, où il fait rarement froid et où il ne
gèle pas une fois en 20 ans, les besoins de la vie sont fort
restreints, et plus d'un indigène, lorsqu'il s'est fait un petit
pécule en amassant quelques centaines de francs de rentes,
s'arrête tout court pour en jouir et passer sa vie à se pro-
mener sur cette magnifique promenade de la Chiaga, qui a
pour bordure, d'un côté le jardin public, la Méditerranée
et les collines de Pozzoli, et, de l'autre, le magnifique ta-
bleau du Vésuve. Si l'on en excepte peut-être les Champs-
Elysées, on peut affirmer que dans le monde entier il n'existe
pas de promenades aussi remarquables. La promenade de
la Chiaga est vers deux heures sillonnée par de brillants
équipages allant à fond de train, usage spécial aux Italiens,
car on ne se promène guère dans toute l'Italie autrement
qu'au grand trot.

Nous passerons sous silence les nombreuses excursions
que nous avons faites aux environs de Naples, notamment
à Pompéi et Herculanum, etc.; cela nous entraînerait trop
loin et hors de notre cadre. Parmi les curiosités, citons
cependant en passant le Musée national, ancien musée
Borbonico, qui renferme toutes les précieuses trouvailles
faites à Herculanum et Pompéi, et augmenté du musée
Doria, transporté de Rome à Naples. Dans ce musée on retrouve tous les ustensiles, principalement en bronze, dont
se servaient les habitants de ces villes infortunées deux fois
enfouies sous la lave du Vésuve. Nous avons vu un vase clos
renfermant de l'huile d'olives de 1800 ans d'âge, un gros
robinet de conduites d'eau en bronze, renfermant encore de

l'eau, des noisettes, des pains de froment et une quantité de provisions de diverses natures, toute une collection d'instruments de chirurgie, etc., objets pour la nomenclature desquels nous renvoyons aux ouvrages spéciaux.

Le service hospitalier de l'École de médecine à Naples est excellent. Il y a de grands hôpitaux qui contiennent jusqu'à onze cents lits et des hôpitaux spéciaux pour les maladies des yeux, pour les affections chirurgicales, pour les accouchements, etc.

La Faculté de médecine de Naples est une des plus célèbres de l'Italie; elle offre, du reste, à l'élève de grands avantages, grands hôpitaux, bonnes et belles préparations, excellents professeurs, arsenal chirurgical hors ligne; il n'est pas jusqu'à nos principaux fabricants d'instruments, tels que Charrière (Colin), Mathieu, Galante, etc., qui n'y aient d'importants dépôts. On se croirait presque à Paris, tant les facilités d'enseignement y sont grandes.

Grâce à la bienveillante courtoisie de MM. les professeurs Nozzonillo et Tenore, chirurgiens de l'hôpital des Incurables, nous avons pu parcourir rapidement les divers services hospitaliers de Naples. Dans le service de M. Nozzonillo nous avons vu une fistule urinaire des plus vastes, opérée avec un plein succès. Dans celui du professeur de clinique chirurgicale, Carlo Galozzi, nous avons vu opérer un enfant d'une énorme pierre par la méthode de la taille périnéale, comme nous l'avions vu faire par Civiale, avec cette variante que le professeur opère d'une façon plus latérale. L'opération s'est faite d'une façon aussi brillante que rapide, c'est à peine si elle a duré trois minutes. Cela nous a rappelé l'habileté des Jobert de Lamballe, des Civiale et Nélaton. L'hôpital renferme une splendide collection de préparations microscopiques.

Nous avons aussi visité le service ophthalmologique du professeur Raffaele Castorani, que nous connaissions de vieille date, et qui tout dernièrement présentait à l'Académie de Paris un important mémoire sur ses différents procédés, mémoire très-bien accueilli. Le docteur Castorani a un champ très-vaste pour les maladies des yeux, qui abondent dans ce beau pays comme dans tous ceux où le soleil brille d'un vif éclat. Aussi sa clinique et ses leçons sont-elles extrêmement suivies.

Plusieurs excellents journaux de médecine se publient à Naples. Le plus en renom et l'un des mieux rédigés est, sans contredit, les *Archivio di chirurgia pratica del professor F. Palasciano* ; ce dernier, homme d'un talent considérable comme chirurgien, est un chercheur infatigable qu'on rencontre dans la plupart des congrès scientifiques. Rien ne fatigue cet illustre savant : député au parlement italien, possédant une clientèle nombreuse, à la tête d'un journal important, il trouve moyen de suffire à tout.

Citons en passant, parmi les autres journaux qui se publient à Naples : Le *Morgagni*, organe de l'hôpital des cliniques, le *Mouvement médical*, la *Clinique*, le *Journal de médecine publique*, l'*Hydrothérapie*, publiés par le Dr Paoni, directeur d'un établissement hydrothérapique, etc.

Le Dr Palasciano, que nous connaissions de vieille date, nous a fait, comme tout le corps médical, le plus cordial accueil, nous donnant avec plaisir tous les éclaircissements possibles sur les questions qui nous intéressaient.

La pharmacie, à Naples, est également très-bien représentée ; mais, comme dans les principales villes de l'Italie, ce sont principalement les étrangers qui en ont le monopole. Citons parmi elles la pharmacie anglaise de Kernot.

Notre profession est également parfaitement représentée

à Naples, les principaux représentants sont : MM. Giové, Dempster et Atkinson.

M. Giové a été longemps un de nos plus habiles artistes mécaniciens. Après sa sortie de nos ateliers, il s'établit à Paris, et commençait à se faire une clientèle importante, mais il comprit bien vite qu'il avait tout avantage à se rapprocher de son pays natal, et que Naples offrait un large champ à sa grande ingéniosité. Dès ses débuts il fit pour les hôpitaux de Naples quelques appareils très-compliqués et fort difficiles pour combler des pertes de substance et pour remédier à l'absence du palais. Il se fit vite aussi remarquer de quelques médecins distingués de Naples qui, le professeur Palasciano en tête, le patronnèrent de suite. Aussi se fit-il vite une riche clientèle. N'oublions pas de dire que, dès ses débuts à Naples, notre jeune confrère remportait une médaille d'or à l'exposition de cette ville.

M. Giové est admirablement secondé par deux plus jeunes frères, dont l'un, ancien artiste en bijouterie, est aussi un excellent dentiste; l'autre frère, avant d'être dentiste, a fait de la sculpture, de sorte qu'ils réunissent toute l'habileté mécanique nécessaire.

M. Dempster, praticien anglais très-consciencieux, occupe à Naples, comme dentiste, une position fort honorable. Il a longtemps travaillé à Londres et à Paris; bonne garantie pour sa clientèle.

M. Atkinson, chirurgien-dentiste de l'hôpital des Incurables et de la clinique de l'Université royale de Naples, est également un praticien fort recommandable et en bonne situation à Naples. Il a, comme le précédent, travaillé un certain temps à Londres et à Paris, et fait ainsi profiter sa clientèle de sa grande expérience.

Nous bornons là notre nomenclature, car ne sachant que

peu de mots d'italien, nous avons dû borner nos visites aux praticiens les plus renommés de la profession.

Nous aurions voulu, à Naples comme dans la plupart des villes de l'Italie, voir disparaître la mendicité qui existe sous toutes les formes, depuis l'individu aux trois quarts nu ou vêtu seulement de quelques haillons, jusqu'aux mendiants et mendiantes confortablement habillés, vous abordant avec beaucoup de politesse sur les promenades publiques. Les deux plus grandes villes de l'Italie, Rome et Naples, sont encore affligées de cette calamité. On a réussi à la faire disparaître à peu près à Turin, Milan, Gênes, Pise, etc. ; cela prouve la possibilité de la faire disparaître ailleurs. Ce serait un grand service à rendre aux étrangers que de les débarrasser des intolérables obsessions qui les assiégent à chaque instant.

Pour ne pas rester sur des critiques, disons qu'à Naples, comme dans le reste de l'Italie, le service des postes est très-bien fait : partout, l'étranger a de grandes facilités pour retirer ses lettres tard le soir, et de bonne heure le matin. Ce qui est très-commode surtout, c'est que dans bien des bureaux de postes il existe une pièce où l'on peut faire son courrier et où on trouve tout ce qu'il faut pour écrire, ce qui évite la nécessité d'entrer dans un café.

A propos de café, nous dirons que nous avons été frappé de l'excessive sobriété de la nation italienne. Très-sobre d'aliments à table, l'Italien l'est aussi de vins et de liqueurs ; un peu de vin, de café et quelquefois un verre de bière constituent le maximum de leurs excès. On voit que les sociétés de tempérance n'ont rien à faire dans ce pays. Dans un séjour de plus de trois mois en Italie, nous n'avons aperçu qu'une seule fois un individu ivre. C'est là une bien grande supériorité sur nos grandes villes du nord de l'Europe, Paris et Londres notamment.

Une des institutions les plus utiles de l'Italie et qu'on retrouve dans les moindres agglomérations sont les gymnases. Ce sont des buts de réunion comme les tirs en Suisse et en Belgique, avec cette différence que les exercices de corps sont bien plus profitables que les jeux d'adresse. Aussi les Léotard ne sont pas rares en Italie et se rencontrent dans tous les rangs de la société. Dans ces réunions, l'habileté déployée est telle qu'on se croirait dans un vrai cirque, à cette différence près que dans ceux dont nous parlons il n'y a que des acteurs et peu ou pas de spectateurs.

A Naples, les gymnases sont nombreux ; nous en avons notamment visité un tout à fait splendide. La France et bien d'autres pays devraient copier de semblables institutions, rien n'est plus profitable au corps et à l'esprit. Le *mens sana in corpore sano* des anciens sera éternellement vrai. Ce serait une maxime à graver sur le fronton de tous nos établissements d'éducation. Trop souvent, malheureusement, elle est oubliée ou méconnue.

Les sociétés musicales sont aussi nombreuses en Italie que les gymnases. L'art musical est du reste tellement développé dans ce pays qu'on peut dire que tout le monde y est musicien de naissance. Au sortir d'une première représentation, la rue retentit de répétitions de l'opéra entendu, et dans ces chanteurs improvisés on admire presque toujours de fort belles voix.

Chez le moindre particulier possédant une habitation ou hôtel à lui, chose très-fréquente dans les grandes villes, notamment à Milan, il y a presque toujours une salle de concerts où l'on se réunit une fois par semaine pour faire de la musique avec des amis.

S'il fallait décrire toutes les merveilles que nous avons vues à Naples, ces courtes notes prendraient l'étendue d'un volume; aussi avons-nous dû nous borner à effleurer les principaux sujets, évitant même de parler des plus connus, comme par exemple de la fameuse grotte du Chien, que nous avons visitée comme le font tous les étrangers.

En quittant Naples, nous avons été à Pise. Cette ville possède des monuments peu nombreux, mais fort beaux et surtout d'une conservation admirable, notamment son Baptistère, sa Tour penchée et son Campo santo.

Pise a une faculté de médecine où nous avons rencontré le professeur Landi, chirurgien d'une grande réputation. Nous avons eu avec lui, ainsi qu'avec M. le professeur Mazzoni, une longue conversation au sujet d'infirmités dont nous nous occupons depuis bientôt 30 ans. Nous voulons parler des gueules-de-loup, becs-de-lièvre, divisions palatines congénitales, etc. Ces affections ou plutôt ces vices de conformation sont extrèmement rares en Italie, d'abord parce qu'il n'en naît que rarement et ensuite parce que ceux qui naissent meurent rapidement, faute des soins particuliers, ignorés des parents, que nécessite leur état.

Il nous a été dit aussi que les parents qui ont le malheur d'avoir des enfants atteints de semblables monstruosités, les considèrent comme une malédiction du ciel et ne font en général aucun effort pour les élever.

Nous n'avons pas vu que notre profession fût brillamment représentée à Pise, aussi n'avons-nous rien à en dire.

De Pise nous nous sommes dirigé sur Livourne, où nous apprenons, avec plaisir, que notre savant confrère de

Florence, M. le D' Slayton, vient y passer ses vacances, et fait profiter les habitants de son merveilleux talent ; c'est d'autant plus heureux pour eux que nous n'avons vu dans cette ville aucun praticien digne d'être recommandé.

*
* *

En quittant Livourne, où nous n'avons fait qu'un très-court séjour, nous nous sommes rendu à Gênes, la ville des palais. Pressé malheureusement de rentrer en France et n'ayant que fort peu de relations dans cette ville, nous n'y fîmes qu'un court séjour, et nous nous bornâmes à la visite de quelques monuments, le Palais royal notamment. Le Campo santo y est des plus remarquables. C'est là qu'on voit, comme à Bologne, s'étaler la sculpture dans toute sa splendeur. En parcourant ces vastes galeries couvertes on rencontre à chaque pas un chef-d'œuvre de l'art. L'entretien de ces nécropoles, par la municipalité, à perpétuité, moyennant un prix d'achat peu élevé, aura malheureusement pour résultat qu'un jour viendra où les morts auront dévoré l'espace des vivants. Il faudra sans doute en arriver comme en France, où le mot « concession à perpétuité » n'est guère qu'un vain mot, à des mesures radicales.

Gênes est une ville où règnent un grand bien-être et une grande activité commerciale. Ici, comme à Pise et à Livourne, plus de mendiants. Nous aurions voulu dire quelque chose de notre profession à Gênes, malheureusement elle n'y brille guère. Nous nous bornerons donc à mentionner le service hospitalier, qui y est convenablement représenté, mais sans qu'il mérite d'être particulièrement signalé. La ville possède un Musée qui renferme des oiseaux et des poissons de la plus grande rareté. Du reste, les Italiens excellent dans l'art des préparations anatomiques. Au Municipe (Hôtel de ville), nous avons vu des peintures fort anciennes relatives à la découverte de l'Amérique par Christophe Colomb, et des manuscrits de ce grand homme. Sa patrie reconnaissante lui a élevé, près la zone du chemin de fer, un fort beau monument.

On nous a montré, à Gênes, le violon du célèbre maestro Paganini, violon sur lequel il nous charma jadis lorsqu'il vint en tournée aux États-Unis, il y a plus de 40 ans.

A Gênes, on sent qu'on se rapproche de la France, on se croirait presque à Marseille. Nous voyons avec regret le moment où nous allons nous séparer de ce pays merveilleux, digne des descriptions du charmant auteur des *Mille et une Nuits*.

*
* *

Nous quittons Gênes et nous rendons à San Remo, en passant par le pittoresque fort de la Spezza, nouvellement créé. Nous longeons toute la falaise avec des rochers d'un côté, de l'autre des précipices et la mer.

Notre but, en nous arrêtant à San Remo, était de nous rendre compte de son climat, que l'on compare souvent à ceux de Naples et de Menton. Autant, en effet, qu'on peut en juger par un court séjour, il nous a semblé qu'entre San Remo et Menton, la différence était presque insignifiante. Cependant nous préférions le séjour de Menton sous plusieurs rapports. D'abord la vie y offre plus de ressources. La promenade au bord de la mer et dans la campagne n'a guère de limites, et pour le malade c'est inappréciable, tandis qu'à San Remo tout est extrêmement limité. Ce qui a fait le principal succès de San Remo, ce sont les malheurs de la France.

Beaucoup d'Allemands qui, avant la guerre, donnaient la

préférence à Menton, se sont depuis fixés à San Remo. L'ex-roi Amédée y est venu ainsi que l'impératrice de Russie. Du reste, San Remo est une jolie petite ville possédant d'excellentes ressources médicales et pharmaceutiques. Le Dʳ Daubeny, médecin anglais, y jouit d'une haute renommée, et M. Squire y a importé une excellente pharmacie anglaise. Nous y avons rencontré le Dʳ Botkin, médecin de l'empereur de Russie, qui est aussi très-apprécié. En somme, San Remo est un séjour agréable pour ceux qui désirent un excellent climat et cette vie calme qu'on ne peut trouver à Naples. Du reste, dans cette dernière ville la température est excessivement variable, passant d'un chaud excessif à un froid et à un vent très-désagréables, ce qui n'a jamais lieu à San Remo.

La route que nous prîmes pour aller de San Remo à Menton, c'est-à-dire celle baptisée du nom de route de la Corniche, est une des plus pittoresque du monde. Personne n'ignore combien le séjour de Menton est recherché par les personnes atteintes de maladies de poitrine très-graves. Nous y avons retrouvé des vieilles connaissances médicales, notamment le Dʳ Bennet, dont les travaux scientifiques sont si appréciés et auquel la ville doit beaucoup, car le nombre des malades anglais venus à cause de lui est considérable. Le Dʳ Bennet, pour charmer ses loisirs, a créé de toutes pièces, sur des rochers arides, un véritable jardin d'acclimatation où l'on trouve les plantes les plus rares des tropiques. L'héliotrope, plante qui est un véritable thermomètre, y croît en pleine terre sans souffrir. Le palmier, le bananier également.

Nous avons encore retrouvé à Menton le Dʳ Gent, qui,

quoique arrivé seulement depuis trois ou quatre saisons, a su se créer une très-belle clientèle. Le Dr Gent est un élève de l'école de Paris, ancien médecin en chef d'un des hôpitaux du département de Seine-et-Oise. Ses travaux lui ont valu la croix de la Légion d'honneur. Notre profession est représentée, à Menton, par une succursale que nous y avons fondée il y a quatre ans, et qui est dirigée par un de nos meilleurs élèves.

En quittant Menton nous reprenons la route de la Corniche pour aller à Nice, grande ville, aujourd'hui française, mais cosmopolite par ses habitants. C'est un petit Paris en miniature, où vont se réfugier les personnes qui fuient l'hiver.

Nice n'a pas moins de cinquante à soixante médecins et une quinzaine de dentistes.

Nous ne pourrons que dire peu de choses de notre profession à Nice. Y possédant nous-même une succursale importante, nous nous y sommes naturellement attiré bien des jalousies. Mais nous y connaissons cependant de charmants et distingués confrères, trop instruits pour être jaloux de personne. Nous mentionnerons parmi eux M. le Dr Hall, dentiste américain, avec lequel nous avons les meilleurs rapports depuis douze ans.

Parmi le corps médical de Nice, très-bien représenté, comme nous le disions plus haut, nous ne pourrons, faute de place, citer que quelques-uns des praticiens que nous avons rencontrés, tels que le Dr Lefèvre, qui a fondé un remarquable établissement hydrothérapique fréquenté par les malades de toutes les nations ; le Dr Crosby, excellent praticien anglais ; le Dr Labourdette, dont l'esprit inventif est bien connu; le Dr Lambron, des eaux de Luchon ; le Dr Bonnal, qui est à la tête d'un établissement princier de bains turcs construits avec un luxe et un confortable inconnus ailleurs.

**

Les heures s'écoulent trop rapides en compagnie de ces aimables praticiens, mais nous devons malheureusement regagner Paris, et nous ne disposons plus que de quelques jours pour terminer notre excursion. Nous nous rendons à Cannes, où nous avons formé, il y a quatre ans, une nouvelle succursale. Il ne manque pas de dentistes dans cette ville, mais nous n'en connaissons aucun méritant de mention particulière.

Le climat de Cannes est très-légèrement plus froid que ceux de Nice et Menton, mais c'est encore une station de malades très-fréquentée. Les personnes qui ne peuvent supporter l'hiver des régions du Nord trouvent à Cannes de magnifiques villas, de splendides promenades et une société d'élite. Cannes est la véritable ville du riche rentier qui cherche la tranquillité en même temps que la bonne société.

Citons, parmi les médecins de Cannes, les Drs de Valcourt et Gimbert, auteurs de travaux recommandables, le Dr Franck et le Dr Battersby, qui possèdent une clientèle étendue.

**

Cannes est si près d'Hyères que nous n'avons pu résister au désir de faire une courte excursion dans cette charmante station. Il y a vingt-cinq ans, nous y avons vu faire des plantations de palmiers qui y ont réussi au delà de tout ce que nous avons vu dans toutes les autres contrées que nous avons traversées. Hyères est presque uniquement fréquentée par des malades et possède fort peu de société, mais, en compensation, ses environs sont charmants. Le Dr Milio a fondé dans cette ville un institut climatologique très-fréquenté.

Hyères devait être une de nos dernières stations avant Paris, mais avant de regagner la capitale nous avons voulu nous arrêter quelques instants à Marseille, la troisième ville de France. Elle possède bon nombre de dentistes, mais parmi ceux qui y tiennent la première place, les plus réputés sont MM. Oddo père et fils.

M. Oddo père est un homme d'un grand talent, dont nous avons eu maintes fois occasion de parler pour ses nombreux procédés et que nous aurons occasion encore bientôt de mentionner à l'occasion d'un excellent articulateur. Nous avons aussi vu chez lui un modèle d'établi de dentiste qui nous a paru supérieur à tout ce que nous avions encore rencontré. M. Oddo aime sa profession, ce qui est toujours une condition de succès, mais à côté de cela c'est un homme réunissant une foule de connaissances spéciales. Habile graveur, sculptant à ravir le camée; quittant le camée pour se livrer à une autre passion, la photographie, art dans lequel il excelle, ainsi qu'ont pu s'en convaincre ceux de nos amis qui ont vu les nombreux paysages qu'il a bien voulu nous offrir.

Notre distingué confrère est très-heureusement secondé par son fils.

Marseille, comme service hospitalier, est très-bien représenté, mais le peu de temps dont nous disposions nous a empêché de visiter quelques-uns des médecins qui dirigent ces services, notamment le Dr Seux, directeur de l'École de médecine, que nous aurions aimé à rencontrer. Quant à la ville elle-même, elle est trop connue pour que nous en disions ici quelque chose.

En quittant Marseille nous avons passé par Lyon, notre dernière étape avant Paris, et où nous ne nous sommes arrêté que quelques heures. Nous n'avons pu y rencontrer le docteur Ollier, nom brillant dans la chirurgie contemporaine, mais nous avons pu voir MM. les Drs Noack père et fils, qui sont fort répandus.

Le service hospitalier de Lyon est, comme celui de Marseille, très-bien organisé. Le grand hôpital y est tout à fait monumental et admirablement bien tenu. Notre profession est principalement représentée par M. Mourgue, successeur de M. Jouffroy, très-ancienne et honorable maison, et MM. Pézieux père et fils. Ce dernier nous a fait voir quelques pièces bien réussies, un articulateur, très-pratique, en simple fil de fer. Nous ne doutons pas que MM. Pézieux ne réussissent à se faire une belle clientèle.

Tout ce qui a commencé doit malheureusement finir, et c'est avec raison que le poëte a dit : « *De l'heure fugitive, hâtons-nous, jouissons.* » Trois mois se sont écoulés depuis notre départ et il nous faut rentrer ; nous regagnons donc Paris, mais non sans emporter une ample moisson de précieux souvenirs dont le temps arrivera difficilement à effacer la trace. Qu'il nous soit permis, en terminant, de remercier la clientèle qui, pendant notre longue absence, nous est restée fidèle, et surtout les dignes collaborateurs aux soins desquels nous confiâmes la délicate mission d'administrer notre maison en notre absence, et qui s'en sont acquittés à la satisfaction de tous, des clients et du maître.

A. Préterre.

Paris.—Imp. J. Dumaine, rue Christine, 2.

EXTRAIT

DU

MUSÉE DES RESTAURATIONS BUCCALES

DE A. PRÉTERRE,

**APPAREILS PROTHÉTIQUES CONSTRUITS POUR LES HOPITAUX CIVILS & MILITAIRES
ET POUR LA PRATIQUE CIVILE.**

Bec-de-lièvre simple ou double, Gueule-de-loup, Résections partielles ou totales des mâchoires inférieure ou supérieure, Nécroses phosphorées, Perforations palatines simples ou multiples, Accidents syphilitiques tertiaires, Difformités dentaires, Anomalies, etc., etc.

Tous ces appareils sont des duplicata des appareils construits pour les malades blessés ou opérés confiés à nos soins, par **MM.** les docteurs dont les noms suivent, et ils peuvent être divisés ainsi qu'il suit :

1° Restaurations du maxillaire supérieur et du maxillaire inférieur après leur ablation totale ou partielle;

2° Obturateurs des fissures congénitales ou acquises de la voûte et du voile du palais. ne remplaçant pas seulement la substance perdue, mais rétablissant les fonctions de l'organe;

3° Restaurations des plaies d'armes de guerre, pièces commandées par le Gouvernement français pour les blessés de Crimée et d'Italie, de **Chine**, du Mexique et de la dernière guerre allemande;

4° Pièces diverses dont la nature n'a pas permis le classement.

1. NÉLATON. . . . . Obturateur pour une fenestre palatine pratiquée pour l'enlèvement d'un polype naso-pharyngien.   (*Hôp. des Cliniques.*)
2. DEMARQUAY.. . Obturateur à ressort pour une division syphilitique.
                                    (*Maison municipale de santé.*)
3. RICORD.. . . . . Obturateur à ressorts palmés pour division syphilitique du voile du palais.   (*Hôpital du Midi.*)
5. TROUSSEAU.. . Obturateur à boule excentrique pour une perforation du voile du palais.   (*Hôtel-Dieu.*)
6. VELPEAU.. . . . Obturateur à cage métallique pour division congénitale du voile du palais.
8. DENONVILLIERS. Obturateur à cage pour division congénitale de la voûte et du voile du palais; resection de l'os incisé et chéiloplastie; l'obturateur est porteur de quatre dents incisives.
                                    (*Hôpital Saint-Louis.*)
   DEBOUT. . . . . Obturateur mi-rigide, mi-souple. appliqué pour division congénitale de la voûte et du voile du palais avec un plein succès chez un malade qui avait subi (1847) une opération infructueuse de staphylorraphie. par M. Roux.
                       (*Présenté à la Société de chirurgie, le 26 juillet 1862.*)
2. MOUNIER.. . . . Appareil destiné à combler une perte de substance résultant d'une fracture comminutive du maxillaire supérieur, avec destruction de la portion palatine et de toute l'arcade dentaire du côté gauche, à l'exception des trois molaires du côté gauche.   (*Plaie d'arme à feu. — Bataille de Magenta*)
4. Baron LARREY et PERRIN. Restauration du maxillaire inférieur brisé comminutivement par une balle qui avait emporté en même temps une partie de l'arcade dentaire du côté droit (*Présenté à l'Acad. imp. de méd —Bataille de Magenta.*)
17. BAIZEAU. . . . . Appareil destiné à remplacer tout le corps de la mâchoire inférieure, détruit par une balle qui, en même temps, avait enlevé la presque totalité de la langue et rendu par là impossible la mastication et la déglutition, ces désordres déterminaient une perte de salive et des troubles de la digestion auxquels cet appareil a également remédié. — Présenté au conseil de santé des armées.
                       (*Hôpital du Val-de-Grâce. — Bataille de Solferino.*)

Faute d'espace nous ne donnons ici qu'une faible partie de notre musée.

18. BAYRAN. . . . Restauration de la portion droite et de l'angle du maxillaire
inférieur après fracture comminutive par un coup de feu.
(Assaut de Malokoff.)

20. LEGOUEST . . . Appareil contentif appliqué pour la destruction du maxillair
inférieur et du menton par une balle. *(Val-de-Grâce.)*
Cet appareil a eu surtout pour résultat de remédier au che-
vauchement des dents et autres désordres, suites inévitables
de la perte du maxillaire inférieur, sur la voûte palatine et
sur l'arcade dentaire supérieure.
(Bataille de Montebello.)

22. MAISONNEUVE. Restauration d'une portion du maxillaire supérieur après son
ablation.
(Malade présenté à l'Acad. de méd. — Hôp. de la Pitié.)

24. MICHAUX. . . . Restauration du maxillaire supérieur droit, enlevé pour une
tumeur myéloïde.

26. MAISONNEUVE. Maxillaire inférieur en totalité, pour remplacer le maxillaire
inférieur enlevé pour une tumeur de nature fibreuse déve-
loppée dans le corps de l'os, et s'étendant de chaque côté du
droit principalement. *(Présenté à l'Académie de médecine.
— Hôpital de la Pitié.)*

29. BROCA. . . . . Obturateur pour une division de la voûte du voile du palais.
(Hôpital de Bicêtre.)

30. PARISE *de Lille*. Maxillaire supérieur gauche et moitié latérale de l'ethmoïde du
même côté entièrement remplacés à la suite de leur ablation
nécessitée par une tumeur fibro-plastique.

36. CHASSAIGNAC. . Obturateur pour une nécrose du maxillaire supérieur avec perforation de la voûte palatine.

38. NÉLATON et SÉDILLOT. Appareil destiné à combler une double fissure palatine.
Cet appareil est porté depuis sept ans, et comme il s'agis-
sait ici de traumatisme, les résultats ont été immédiats : nul
n'eût pu soupçonner l'infirmité du malade.

44. CULLERIER. . . Obturateur pour une fissure syphilitique du voile du palais. Il
offre ceci de particulier que le ressort qui soutient la fente du
voile du palais est de forme entièrement circulaire.
(Hôpital du Midi.)

45. NÉLATON. . . . Appareil pour la cautérisation de la voûte palatine.
Cet appareil a permis à M. le professeur Nélaton d'employer
pour la première fois un procédé qui lui est propre pour la
destruction, au moyen d'un chlorure de zinc, d'une tumeur
encéphaloïde, dont l'état de dégénérescence faisait redouter
l'hémorrhagie. *(Clinique de la ville.)*

46. GIRALDES. . . Obturateur de la voûte et du voile du palais, division congénitale. *(Hôpital des Enfants.)*

47. DUCHENNE *de Boulogne*. Élévateur de la langue dans un cas de paralysie de
cet organe. *(Clinique de la ville.)*

48. DUNGLAS. . . . Nez artificiel pour masquer la destruction, par un cancer, de
toute la partie droite de l'aile à la racine. *(Fac. de Lima.)*

50. HUGUIER. . . . Appareil appliqué sur la couverture d'un abcès du sinus maxillaire qui avait entraîné la nécrose et la destruction du sinus
et de l'arcade dentaire du côté gauche. *(Hôpital Beaujon)*

54. MICHON. . . . . Appareil pour combler la cavité résultant d'une ablation d'une
portion du maxillaire supérieur pour une nécrose de cet os.
(Hôpital de la Pitié.)

57. VALLET *d'Orléans*. Obturation pour une division congénitale de la voûte et du
voile du palais.

58. BERTHERAND. . Destruction complète du nez et de la voûte palatine, légère
perte de subtance de la portion moyenne du maxillaire inférieur. — Restauration mécanique de toutes ces parties. (Suite
de tentative de suicide.) Présenté à la société de chirurgie,
28 avril 1863. *(Hôpital d'Alger.)*

59. LAVERAN. . . . Obturateur pour une perforation palatine avec perte des incisives par suite d'ulcération syphilitique.
(Hôpital militaire du Val-de-Grâce.)